Entropia

$$S = K_B \ln \Omega$$

Antico e Contemporaneo in dialogo

Mostra - concorso 2021

Entropia
Mostra concorso 2021

Con il patrocinio di:

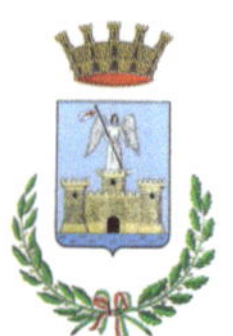

Comune di
Castel Gandolfo

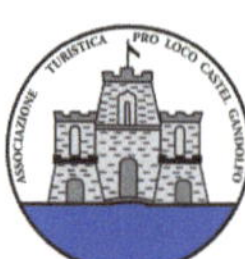

Associazione turistica
Pro Loco Castel Gandolfo

Organizzazione cura e grafica:
Studio Lab 138
Laura Giovanna Bevione

Testi:
Laura Giovanna Bevione p.5
Le biografie, i testi a supporto e le foto sono stati forniti dagli artisti: elencati nell'indice.

Un progetto inclusivo

Con sede a Pavona, centro periferico di Albano, Castel Gandolfo, Ariccia e Roma, *Studio Lab 138*, è uno spazio dove si concretizza l'utopia di rammendo e rigenerazione urbana.
Un lavoro che vuole essere inclusivo, che presta attenzione anche alle piccole fragilità.
Per le nostre pubblicazioni utilizziamo font di media e grandi dimensioni e con morfologia ad alta leggibilità.
Un piccolo ma concreto contributo volto a ridurre al minimo le difficoltà di lettura e consentire, anche a chi ha difficoltà visive, di accedere ai nostri contenuti.

Indice

Un punto di partenza

Periferia.
Il punto di partenza per quasi tutte le innovazioni.
Piena di fermento giovanile, di persone che cercano soluzioni alternative, vuoi perché costrette da situazioni contingenti vuoi perché portate a pensare creativamente.
Partendo da questo assunto, l'obbiettivo che ci siamo posti, la scivente e gli artisti invitati a partecipare al progetto ***Studio Lab 138,*** è di invitare il pubblico ad ampliare lo sguardo, discostandolo, almeno temporaneamente, dai soliti circuiti, e "*contemporaneamente*" diventare un punto di riferimento della scena culturale nazionale e internazionale.

Con ***Entropia. Antico e Contemporaneo in dialogo***, si è inaugurato un nuovo ciclo di mostre-concorso con cui gli artisti e le artiste sono stati e saranno invitati a progettare e installare opere che non hanno necessità di muri.
Un invito che in prospettiva agevolerà l'allestimento di un ciclo di mostre collettive che saranno inaugurate in Musei e Dimore storiche.
Per questo dei progetti selezionati sono state scelte 9 opere che, oltre a mettere in campo il concetto di Entropia, meglio si prestavano al dialogo tra arte contemporanea e luoghi storici.

Professore di fisica, ***Roberto Zingoni***, attingendo al suo bagaglio culturale per tradurre, tridimensionalmente, una delle possibili traiettorie browniane e il corrispondente valore della costante di Boltzmann. Idealmente collocato all'interno di una lente ***La Passeggiata costante di Boltzmann***, mette in campo il concetto di Entropia e la relazione tra arte e scienza.

Con ***The Factor***y, ***Claudia Lodolo***, traduce tridimensionalmente la sua visione di circolarità Eco-Entropica. Gli elementi artificiali, il gregge di macchinine nere, attraverso un processo di purificazione, tornano ad essere naturali, ovvero, un gregge di pecore.

L'installazione di ***Werther Germondari***, ***ENTROPIA URBANA***, è un'opera che presenta due differenti momenti temporali dello stesso spazio. Ricordandoci l'esperienza quotidiana che cui tutti noi, nelle nostre case, nei nostri spazi, abbiamo con il concetto di disordine ed entropia.

Un concetto espresso anche da Irene De Sanctis, in arte ***Eirene***, con ***Vanitas I***, che proponendo una natura morta, inevitabilmente ci invita ad una riflessione sul tempo e sull'entropia dell'Universo.

Molto più pessimista, ***Preghiera*** di ***Mario Naccarato***, il quale rievocando la catastrofe atomica, la massima espressione dell'entropia (misura dello stato di disordine di un sistema), ci ricorda che la politica antropocentrica messa in praticata dall'uomo contemporaneo, conduce inevitabilmente all'autodistruzione.

Mahmoud Barati riflette sulla circolarità della vita, sulla decadenza e la rigenerazione della natura, mettendo a disposizione del pubblico un busto di creta, ***Ritratto del professor Biasci***, per essere toccato, modificato, rovinato. Un'esperienza tattile che trasforma inevitabilmente ed entropicamente l'opera.

Ajantha DumindDa Jayarasuriya, in arte ***DuminDa***, propone ***TRI-MOODS***. Tre sculture liberamente ispirate alla tradizione culturale Asiatica. Realizzati con carta di giornale cingalese, i tre guerrieri, portano nello spazio espositivo la contemporaneità degli slogan pubblicitari e una iconografia inconsueta per noi occidentali, abituati a pensare all'Antico come a qualcosa relativo alla scultura greco romana.

Dafne y Selene con ***Domino*** mettono sul tavolo "un mosaico carico di possibilità". Le tessere "ordinatamente posizionate alla rinfusa" sul piano espositivo, contraddicono le regole del famoso gioco.

Persistenze è un libro rilegato a mano con cui, ***Elena Boni***, mette in campo una riflessione sulla memoria, sull'impermanenza, e sul processo irreversibile a cui tutto, oggetti, animali, persone, è destinato.
La serie di stampe contenute nel libro il cui titolo si ispira al fenomeno visivo delle cosiddette persistenze retiniche, danno l'idea del processo entropico a cui anche le immagini di questo libro sono e saranno sottoposte.

Ritratto del Professor Biasci

2021

Terracotta 23x30x60cm, Video

Mahmoud Barati

Nell'aprile 2021, all'accademia di belle arti di Firenze ho organizzato un evento performativo. Ho invitato tutti a intervenire e lasciare una traccia sul busto in argilla fresca che "avevo già realizzato perfettamente". Il busto appare dai tagli e dalle superfici astratte e senza significato, che possono considerarsi il microstato, mentre il busto stesso sarebbe il macro stato. La massa ancora fa vedere il busto del Professor Biasci, nonostante ciascuno dei 128 partecipanti abbia lasciato almeno una traccia, deformato o spostato i tagli e le superfici. Nel microstato sono cambiate tante cose ma nel macro stato non sembra. Tutto ciò che vediamo nella massa dell'argilla è solo un'interpretazione, un errore, come la nostra immagine dell'entropia attraverso il tempo newtoniano. L'entropia dell'argilla non si è mai ridotta e dopo non è mai aumentata.

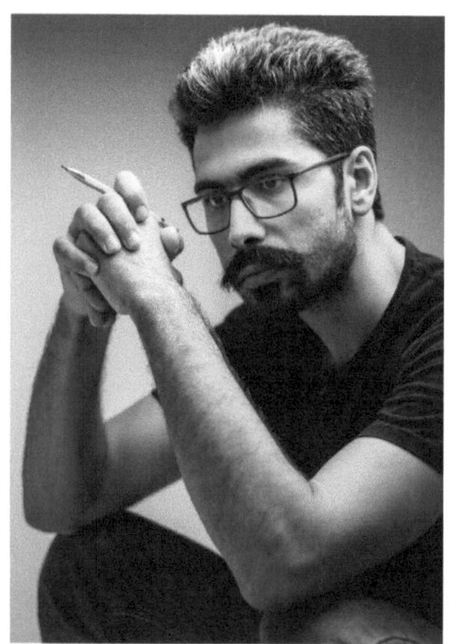

Nato a Mashhad nel 1988, è attualmente iscritto al Corso di Scultura presso l'Accademia di Belle Arti di Firenze.
Allievo del Professore Manucheher Espahbodi, le sue opere sono entrate a far parte di numerose collezioni pubbliche e private.

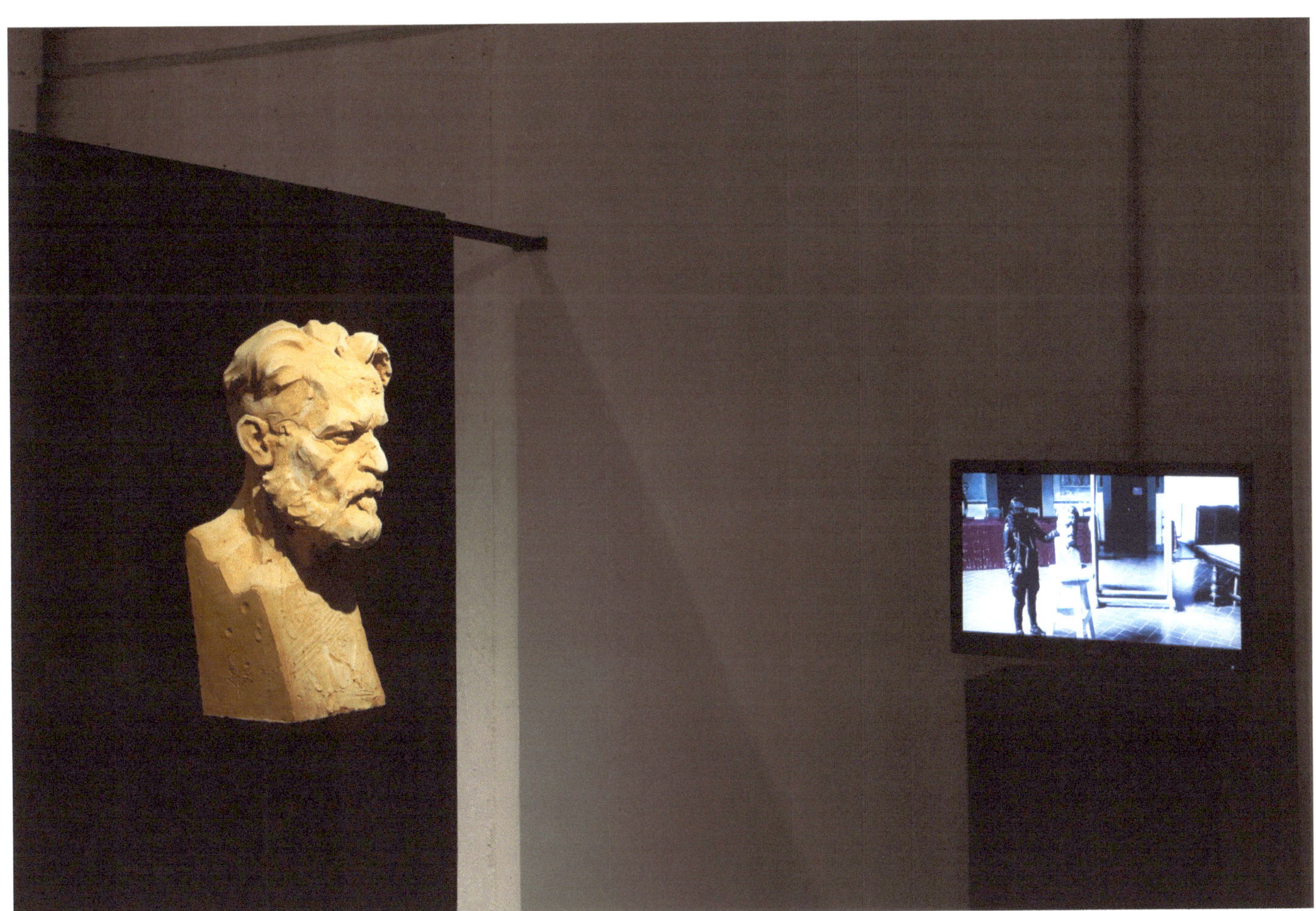

Persistenze

2017

Libro d'artista, Tecnica mista, 22,5x30 cm

Persistenze è un libro rilegato a mano, realizzato in copia unica, contenente una serie di stampe calcografiche e di pellicole acetate. L'inserimento all'interno del libro delle pellicole acetate, da un lato è teso a documentare il procedimento esecutivo del lavoro, dall'altro intende suggerire il riaffiorare dei ricordi, il riemergere delle immagini da un'amalgama inscindibile e torbida.
Il titolo si ispira al fenomeno visivo delle cosiddette persistenze retiniche. La prima pagina del libro riporta la definizione fornita dal Vocabolario Treccani del termine e del suddetto fenomeno.

Elena Boni

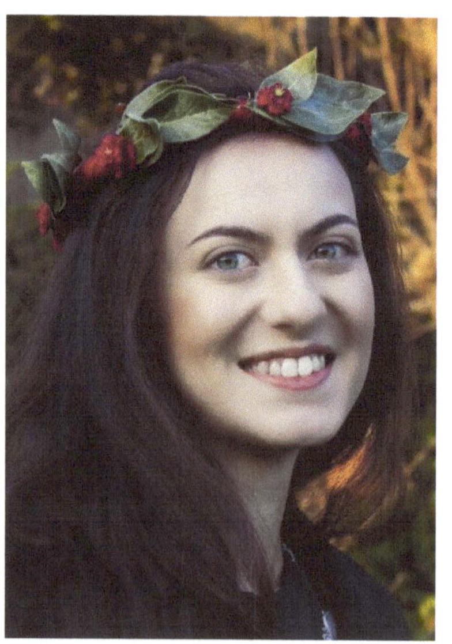

Nata in provincia di Roma nel 1995, ha conseguito il diplona di II Livello in Pittura presso l'Accademia di Belle Arti di Roma.
Interessata alle relazioni tra il possibile ed il reale, ha orientato la sua ricerca pittorica e incisoria focalizzandosi sul frammento, sulla lacuna e sul residuo in quanto forme aperte e indeterminate, disponibili ad assumere nuovi significati e configurazioni.

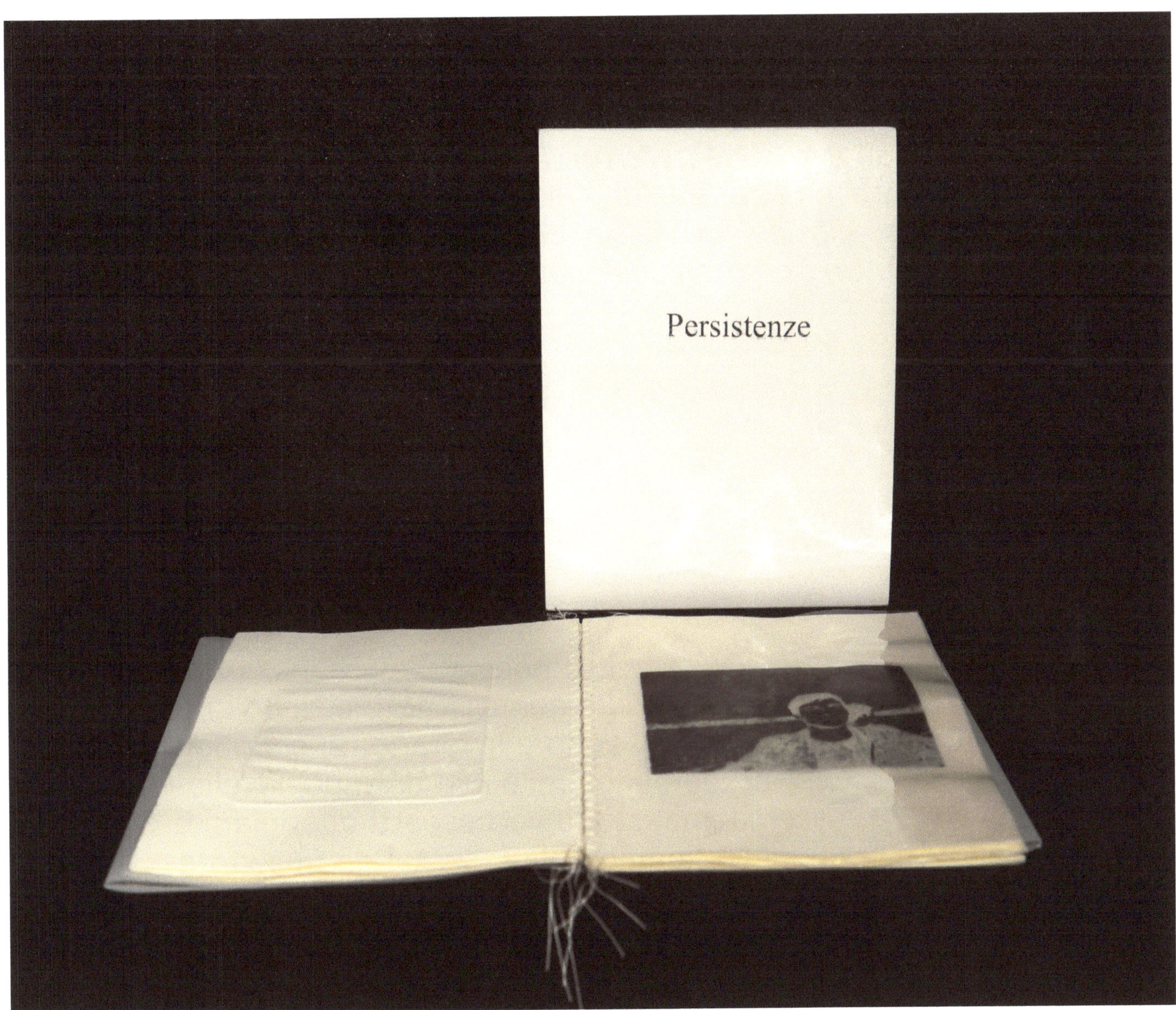
Persistenze

Dafne Y Selene

Domino

2021
cera paraffina, 50x50 cm

Il domino è un gioco da tavolo che si svolge utilizzando una serie di tessere. L'opera è formata dai pezzi stessi del domino riprodotti in cera posti su una base di ferro, il tappeto che si viene a creare è un mosaico carico di possibilità. Un pavimento sul quale può essere riflessa la casualità delle cose, la loro consistenza materiale e la loro inafferrabilità. Un percorso designato dai numeri, casuale, ordinato e scomposto.

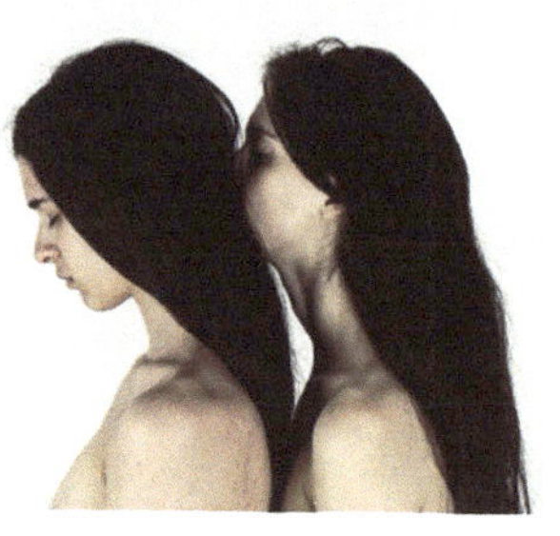

Dafne y Selene (Roberta e Alessandra Ruggiero) sono due sorelle gemelle nate a Napoli nel 1993, dove vivono e lavorano. Si sono laureate all'Accademia di belle Arti di Napoli. Nella loro ricerca analizzano vari aspetti quotidiani e riflettono sul loro significato, presentando una sintesi concettuale di vari aspetti dell'esistenza. Nei lavori è presente una sorta di ciclicità ironica e dura che sottolinea innumerevoli volte la medesima cosa. L'oggetto tende a diventare minimale, si svuota di ogni costrizione esterna per mostrarsi «nudo» allo spettatore.

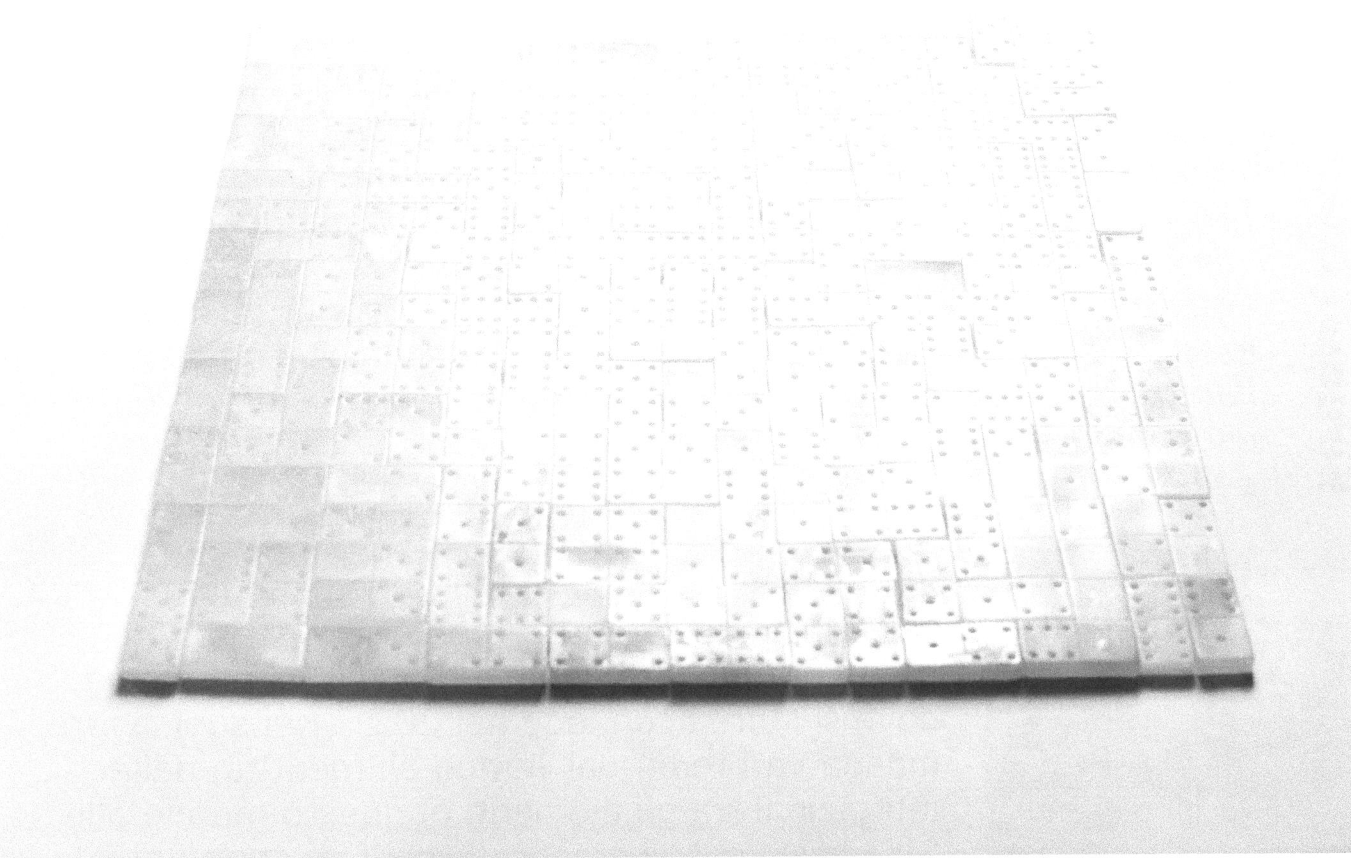

Eirene (Irene De Sanctis)

VANITAS I

2020

Installazione elem.vegetali, vaso vetro, acqua, misure ambiente

VANITAS è un'opera semplice, un oggetto quotidiano che si fa paradigma di pensieri cosmici, una natura mortamorente fiamminga presentata alla maniera dell'Arte Povera, un monito seicentesco a non sprecare tempo, un monumento alla vanità della nostra ossessione del controllo, che ci sfugge perdendosi nell'entropia crescente, ineluttabile è un'installazione costituita da un piedistallo in legno, un telo bianco che lo copre, un vaso di cristallo e un mazzo di fiori immersi nell'acqua: nel contesto espositivo, man mano che i fiori appassiscono vanno depositati alla base e sostituiti con fiori freschi. Il risultato è un'opera mai uguale a se stessa, che genera sentimenti struggenti, invitando lo spettatore a pensare, a riflettere sulla caducità. Al contempo, l'accumularsi dei fiori alla base dell'installazione offre un perfetto esempio di entropia, in quanto non vanno rimossi che alla fine dell'esposizione.

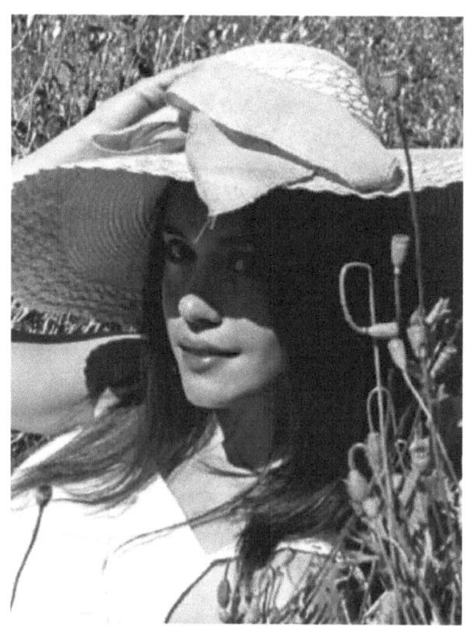

Eirene nasce a Subiaco nel '98 e dopo la maturità scientifica intraprende il percorso artistico, frequentando l'Accademia di Belle Arti di Roma, dove si laurea con lode nel 2021. Nei suoi lavori indaga vari temi, dal Tempo all'Identità, dalle interazioni tra gli elementi di questo mondo alle Sinestesie che si creano. I medium sono i più svariati, dalla pittura alla scultura, all'installazione, alla fotografia, in una continua indagine della poetica interiore, alla ricerca delle radici di questo mondo.

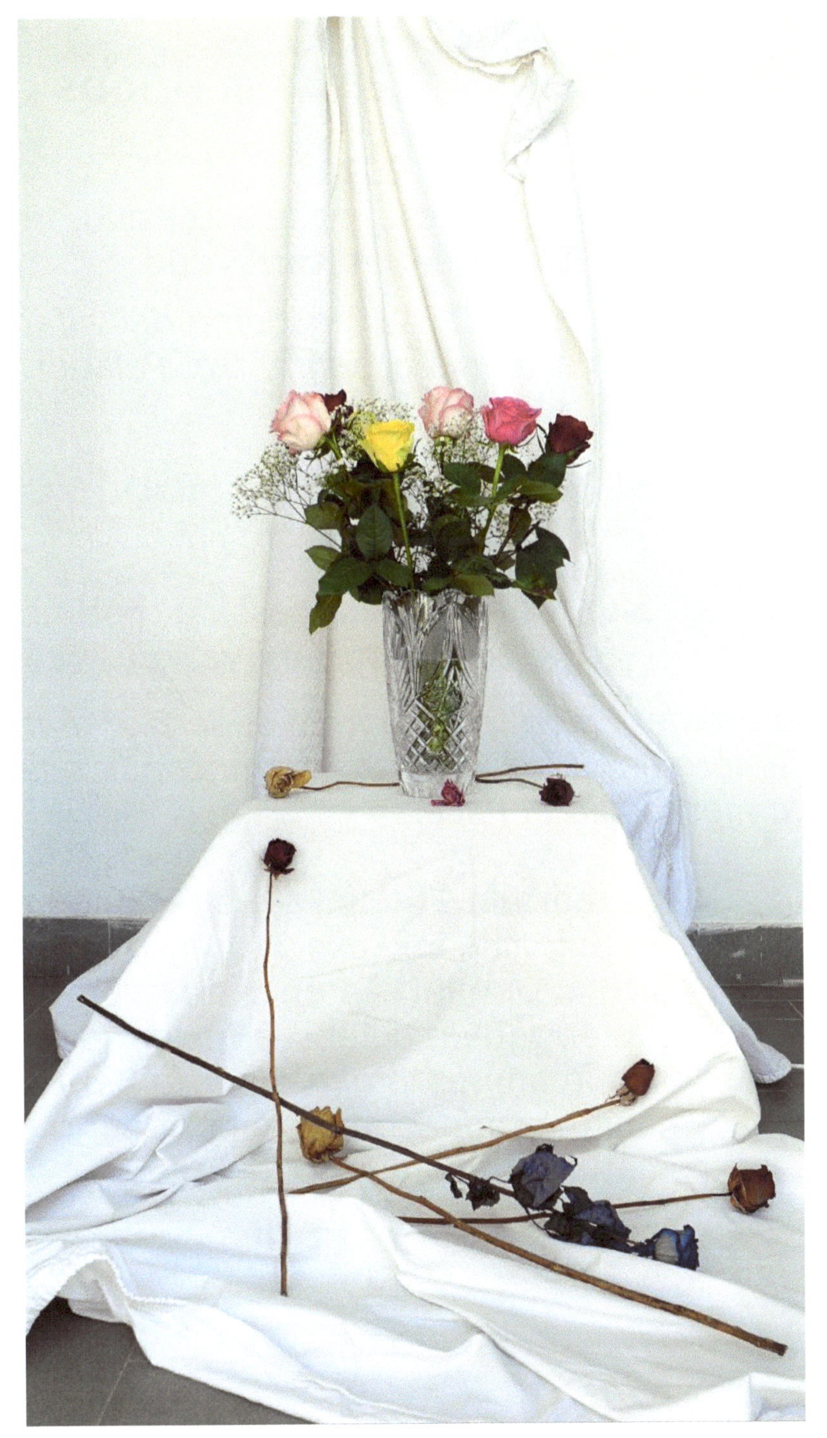

Ajantha DuminDa Jayasuriya

TRI-MOODS

THE THREE WARRIORS - The PAPER MOODS COLLECTION

2019
Ritagli di giornale cingalese, nastro adesivo, African wax
3 elementi misure varie

Una raffinata estetica, esaltata dall'esotismo dell'alfabeto cingalese, in una nuova logica ed armonia di segni, tre Paladini ieratici.

THE THREE WISE MEN - The COLOR MOODS COLLECTION.

2020
gesso, resina, benda gessata, patina
3 elementi misure varie

Il magico potere dei Colori, pigmenti e superfici materiche: Turchese, l'amore per il mare, Rosa, the unconditional love, Rosso la passione, un messaggio di Pace.

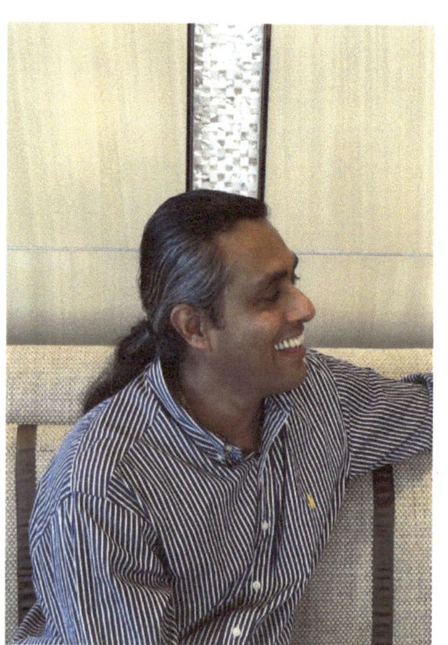

Con radici in Sri Lanka e ali che lo hanno portato a Seoul, Milano, Lussemburgo, Parigi e Roma, l'arte di DuminDa è un'espressione della sua vita formativa, della sua formazione spirituale e del suo apprezzamento per la Bellezza nelle sue manifestazioni onnipresenti: sogno e realtà, magia e natura, oriente e occidente.

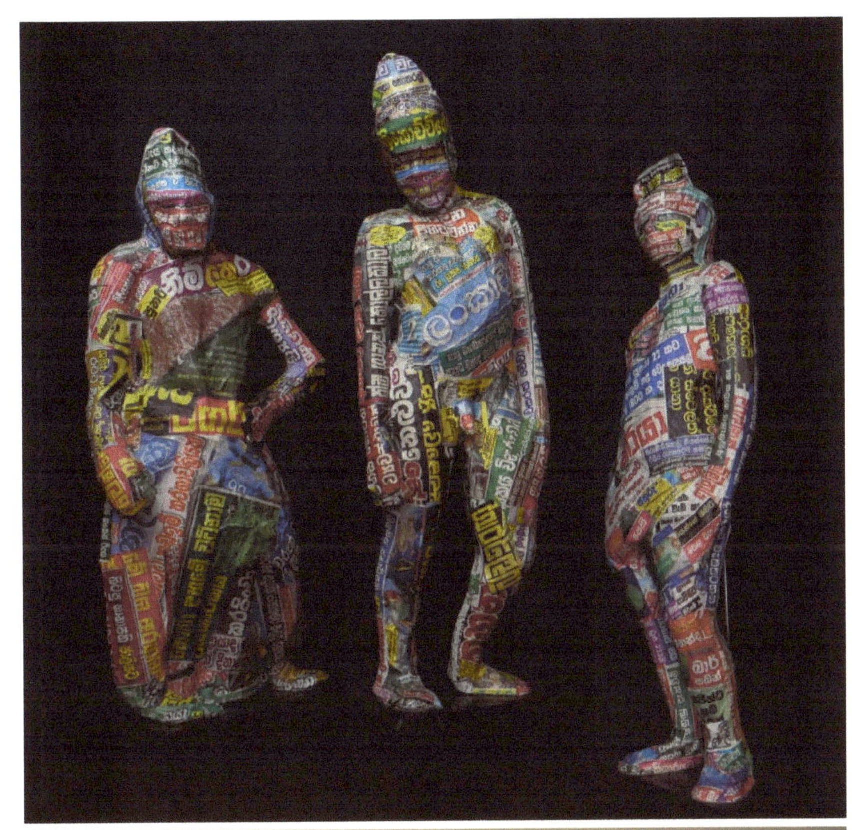

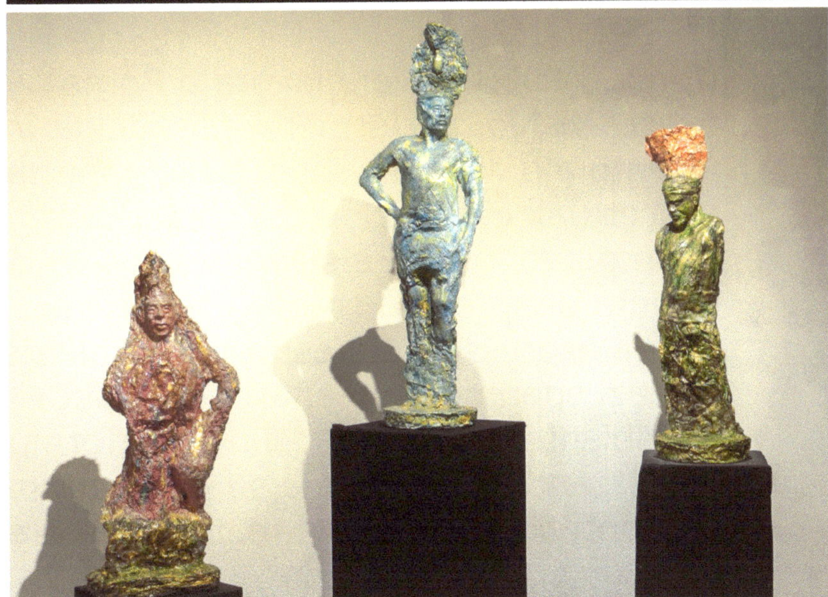

Werther Germondari

Entropia Urbana

2021

metallo, dimensione foto 40x40cm, altezza asta 150cm

L'opera presenta due differenti momenti dello stesso spazio, visibili solo uno per volta, ponendosi di volta in volta da un lato o dall'altro. In questo modo lo spettatore è portato a memorizzare le caratteristiche dei due spazi, creando nella propria mente una visione che sarà differente da tutte quelle degli altri che la visioneranno.

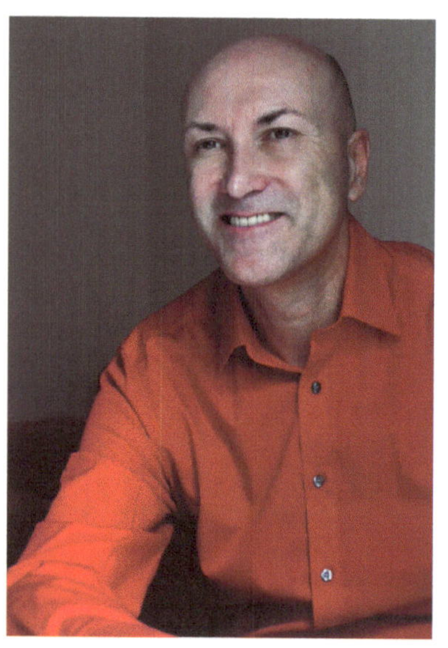

(Rimini, 1963. Vive e lavora a Roma)
Artista visivo, performer e filmmaker indipendente. Attento a dinamiche innovative sperimentali neo concettuali e situazioniste che si caratterizzano di un gusto ironico e surreale, svolge dagli anni ottanta una ricerca che si attua attraverso numerosi media espressivi. Ha esposto in gallerie private e spazi sperimentali, alternando installazioni d'ambiente, videowork, e atti performativi, focalizzando l'attenzione su elementi nascosti, attinenti ad una visione reale, sociale e politica.

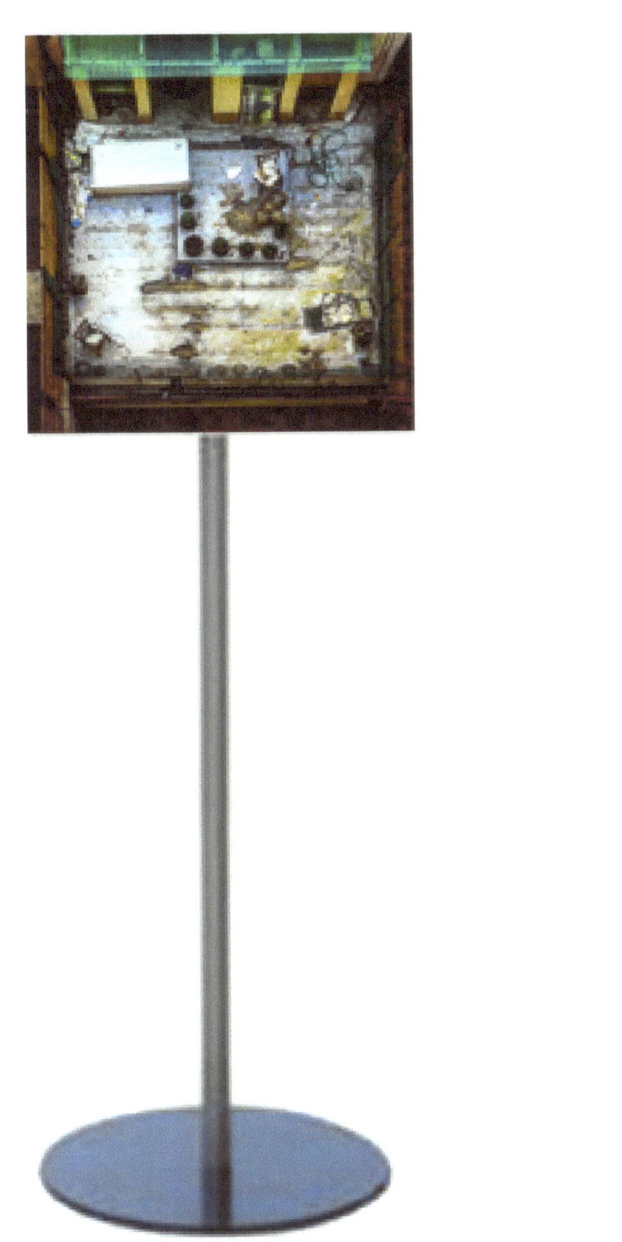

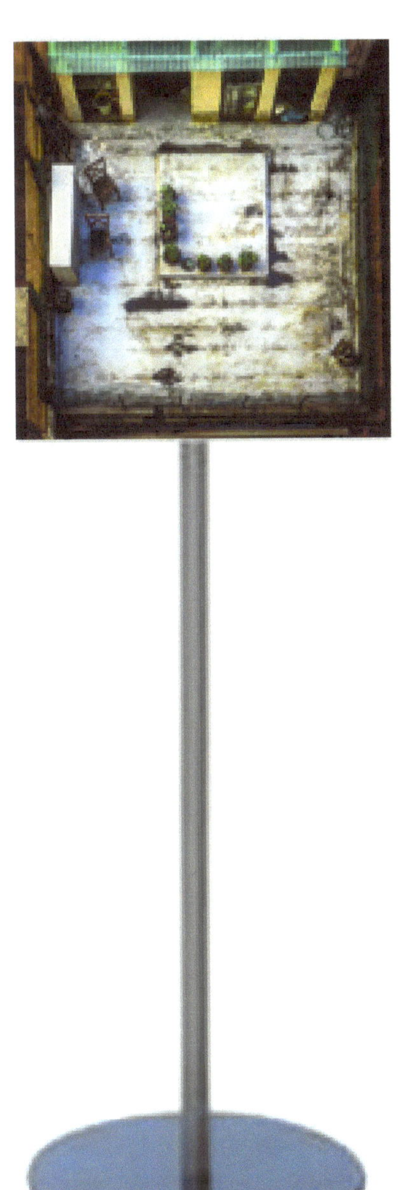

The Factory

2021
Legno, angolari metallici, pittura lavabile, cartapesta
cm 200x120x180
più elementi in cartapesta disposti in misura variabile

Claudia Lodolo

Ampliando il concetto e astraendolo dalla meccanica statistica, nasce la mia visione dell'entropia, cioè un cambiamento di elementi attraverso una trasformazione (τροπή tropé) artistica dentro (ἐν en) una fabbrica (factory) con esplicito riferimento warholiano. Poiché analizzo da qualche tempo la trasformazione distruttiva operata dall'uomo sull'ambiente, anche in questo caso la "mia" factory è chiamata a riconvertire la distruzione fatta da noi esseri umani (contemporaneo) in natura (antico).

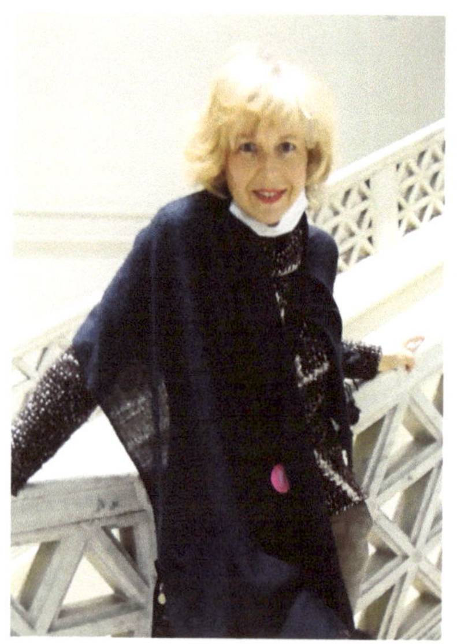

Nasce a Roma nel 1965 e cresce in un ambiente di disegni (il padre grafico pubblicitario) e di musica (la madre cantante per la Rai). Diplomata all'Accademia di Belle Arti di Roma, orienta il suo lavoro artistico sul concettuale. Scrive testi critici di autori contemporanei. Vive, scrive e dipinge a Castelnuovo di Porto, nella campagna a nord di Roma.

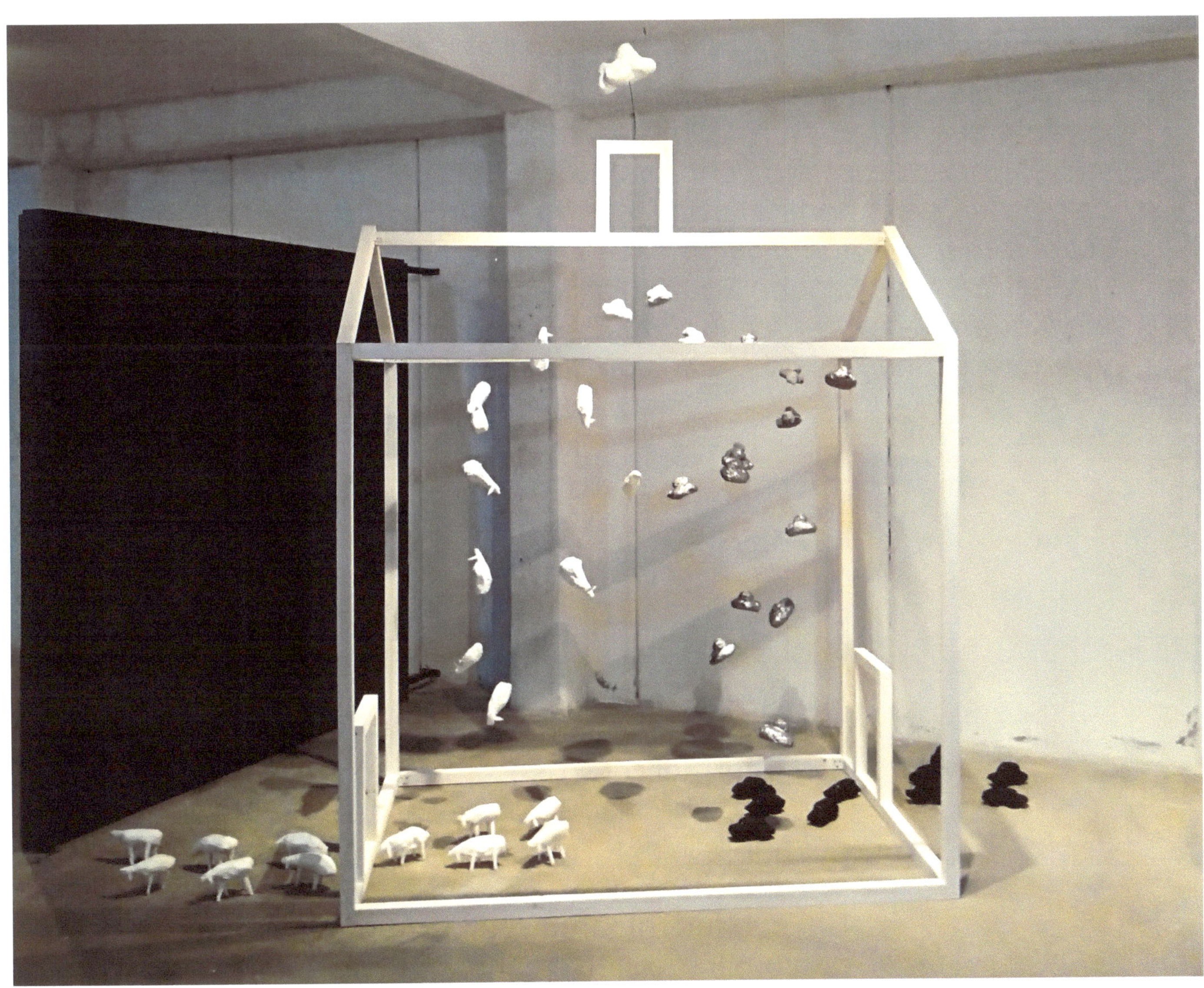

Preghiera

2019

Lenzuolo di lino grezzo , pigmento acrilico, legno, viti.

"PREGHIERA" comprende un lenzuolo di lino grezzo sul quale è stata dipinta una esplosione nucleare e un inginocchiatoio in legno posto d'avanti ad essa, come solitamente si venerano le simbologie sacre, l'opera esprime l'energia ,la trasformazione la potenza distruttiva della bomba atomica, che l'uomo potrebbe utilizzare per scopi benefici e non bellici .
PREGHIERA appartiene ad una serie di installazioni tese ad individuare le contraddizioni dell'uomo, poichè spesso prevalgono interessi economici ed espansionistici dei confini.

Mario Naccarato

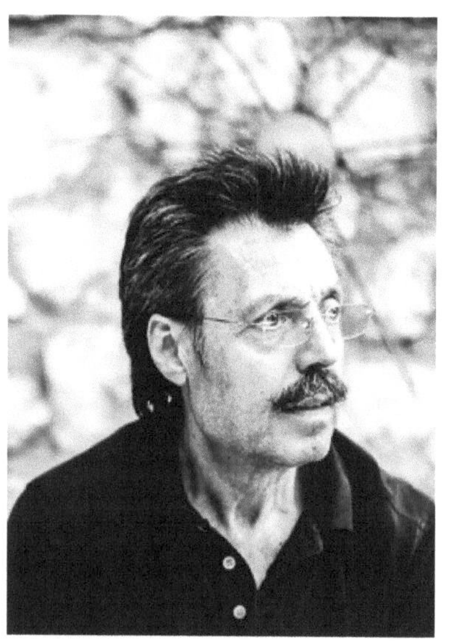

Nasce a Cosenza nel 1956 vive e lavora a Catanzaro.
Il periodo del Liceo Artistico è vissuto in coincidenza con il fermento artistico, politico e culturale degli anni 70, che traccia un progressivo abbandono del figurativo, intraprendendo la ricerca e la sperimentazione.
Nel corso degli anni realizza numerose mostre personali e collettive in tutta Italia inoltre apre il suo studio per mostre collettive aderendo alle Giornate del Contemporaneo.

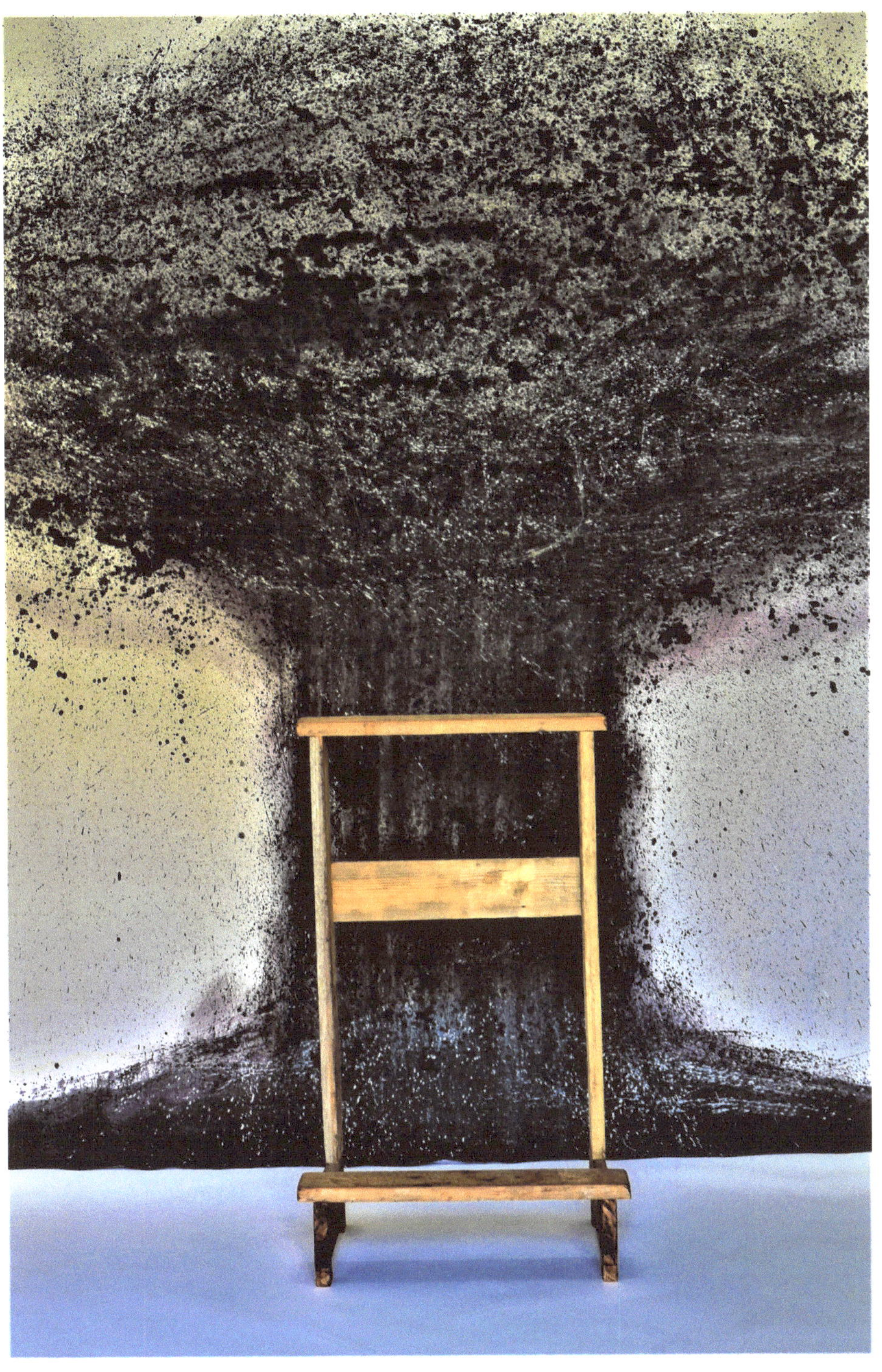

Passeggiata costante di Boltzmann

2021

Tecnica mista, 103x166x25 cm

Il titolo dell'opera: Passeggiata costante di Boltzmann. L'opera realizzata rappresenta una traiettoria browniana, che è spesso indicata dai fisici come passeggiata dell'ubriaco, realizzata dall'artista a partire da misure eseguite attraverso il microscopio, dalla quale ha determinato il corrispondente valore della costante di Boltzmann che entra nella relazione fondamentale dell'entropia.

Roberto Zingoni

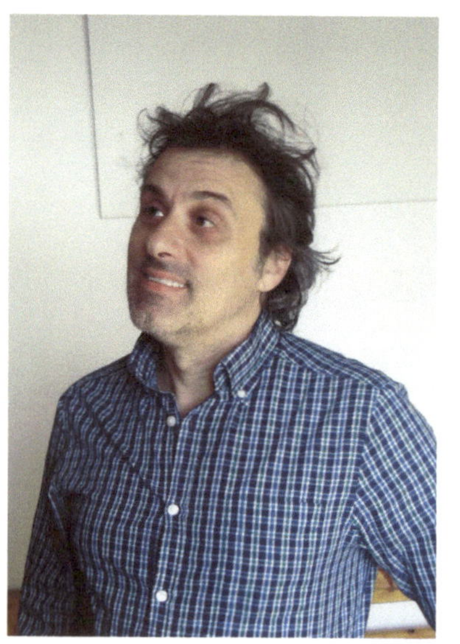

E' un fisico e pittore che cerca di far comunicare, attraverso la pittura, la fisica la matematica e l'arte. Alcune sue opere sono realizzate utilizzando un'equazione da lui ottenuta che eguaglia la componente cromatica con quella tonale del colore, stabilendo così una definizione di armonia tra i colori utilizzati.

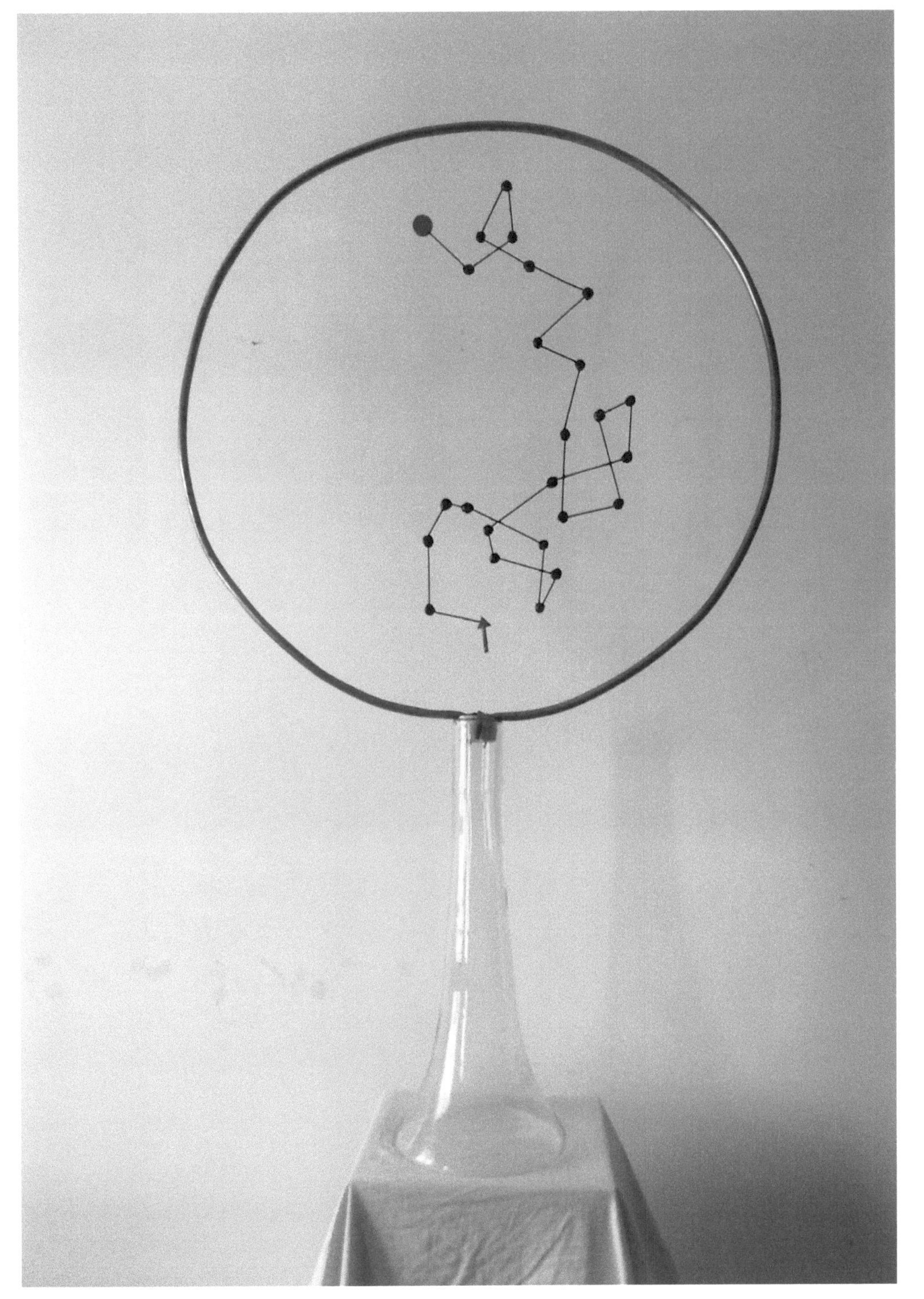

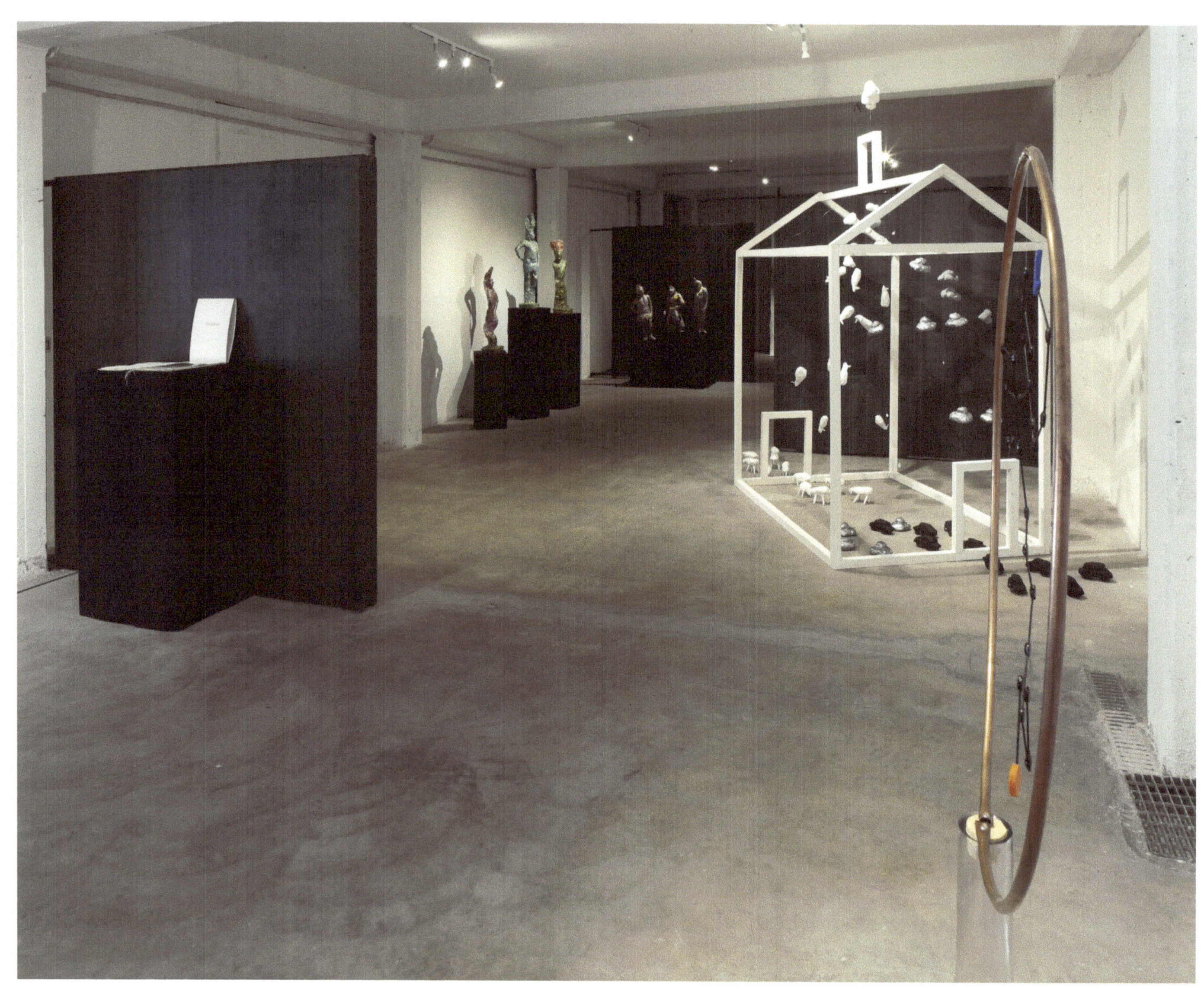

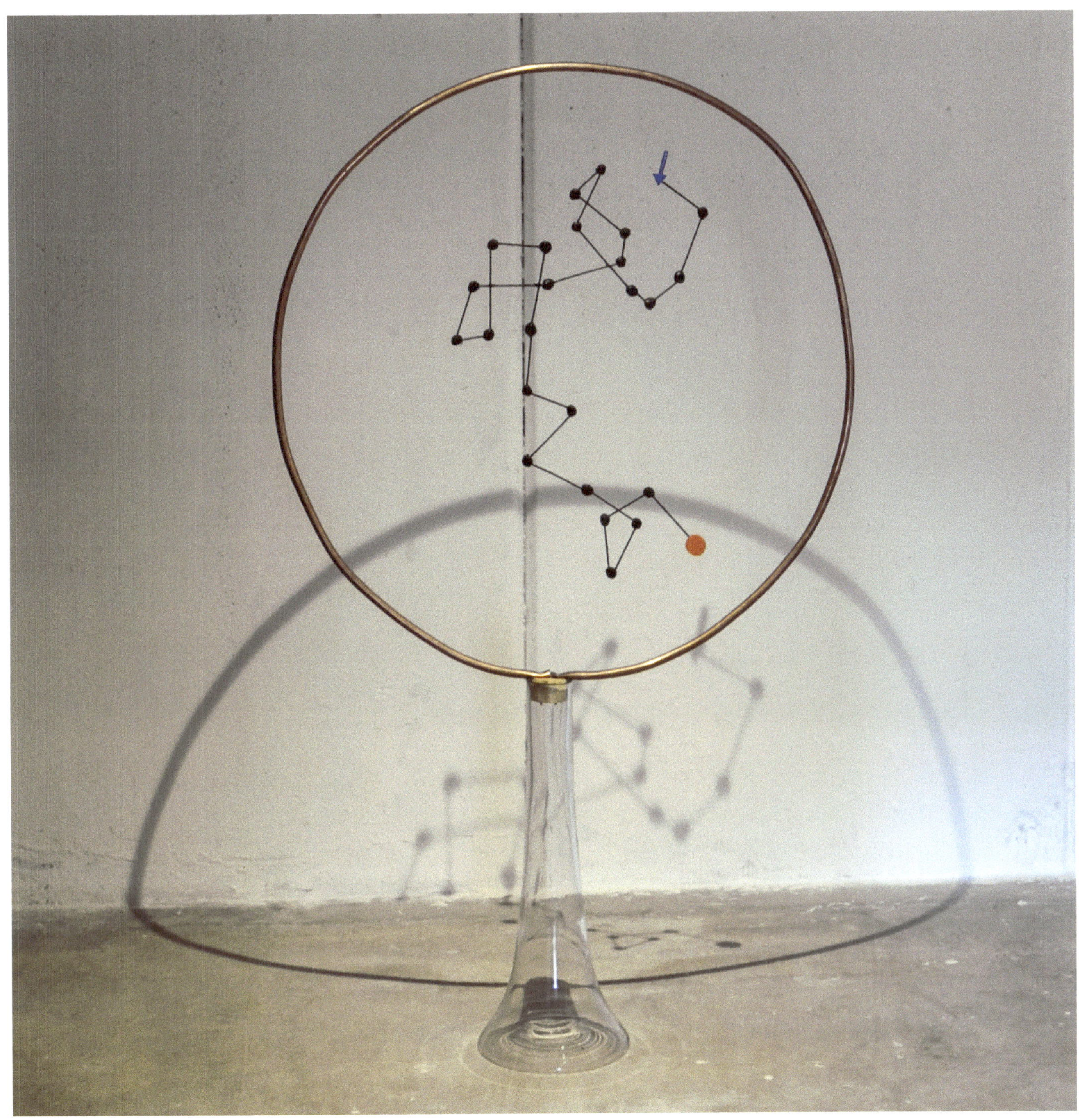

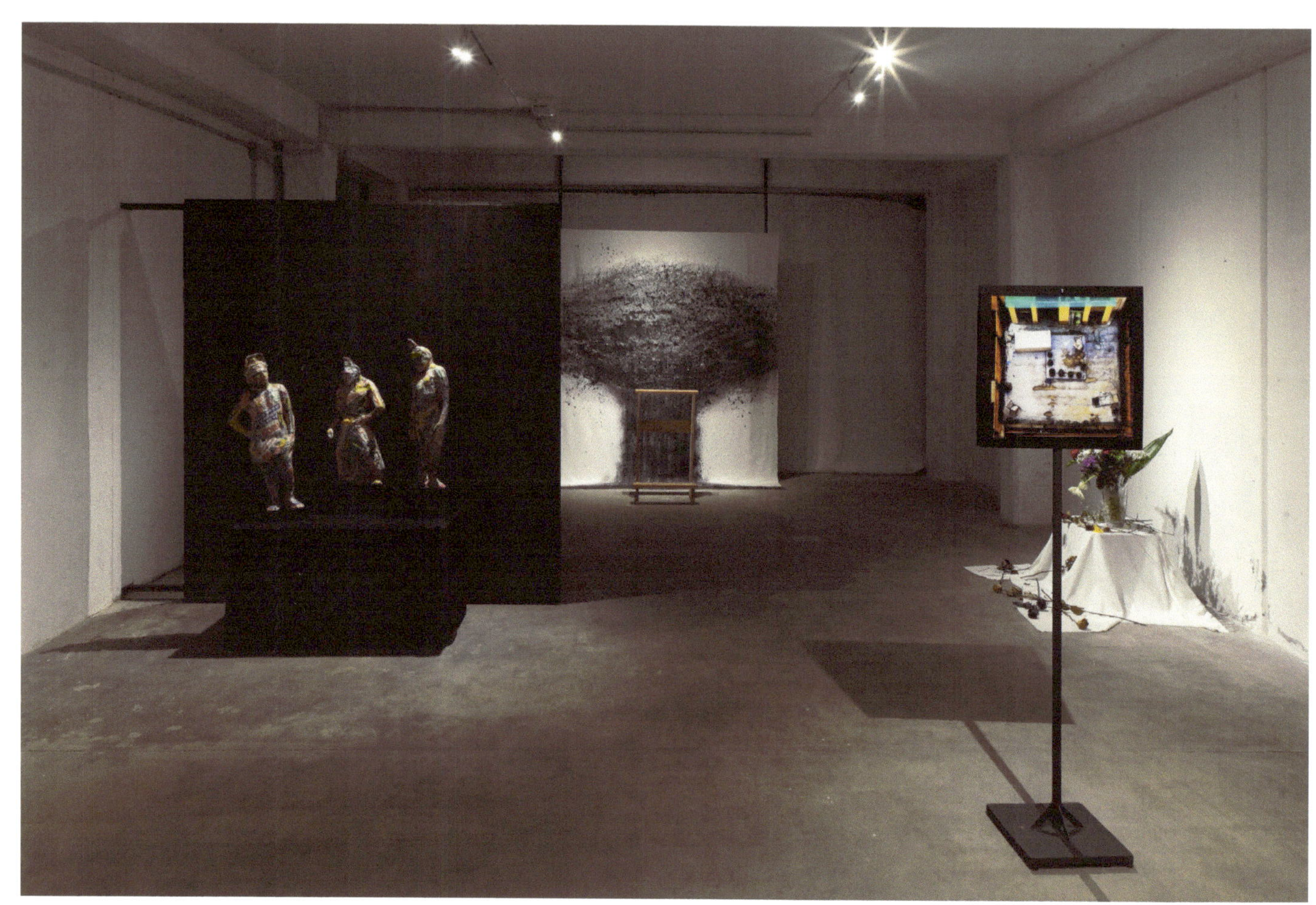

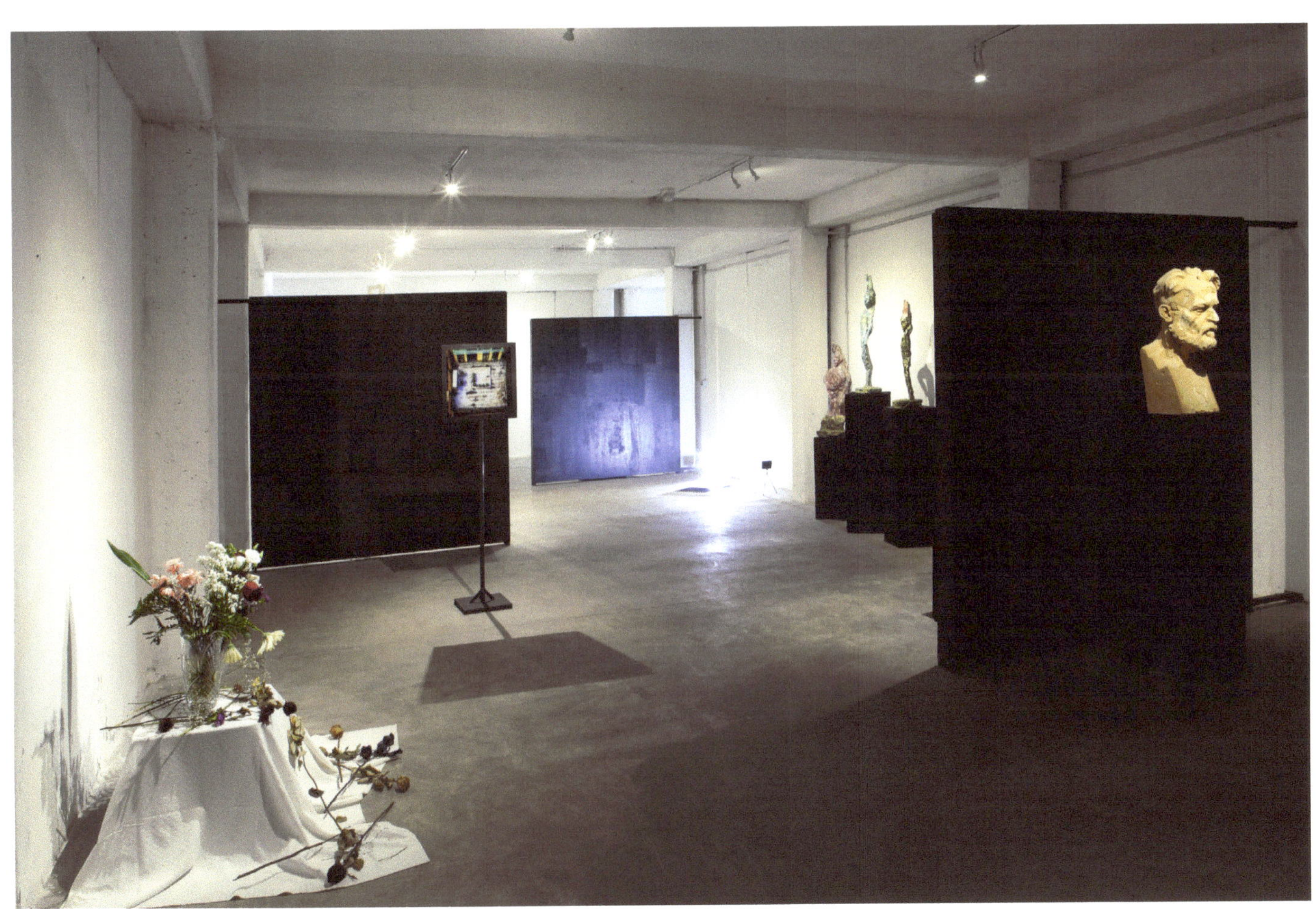

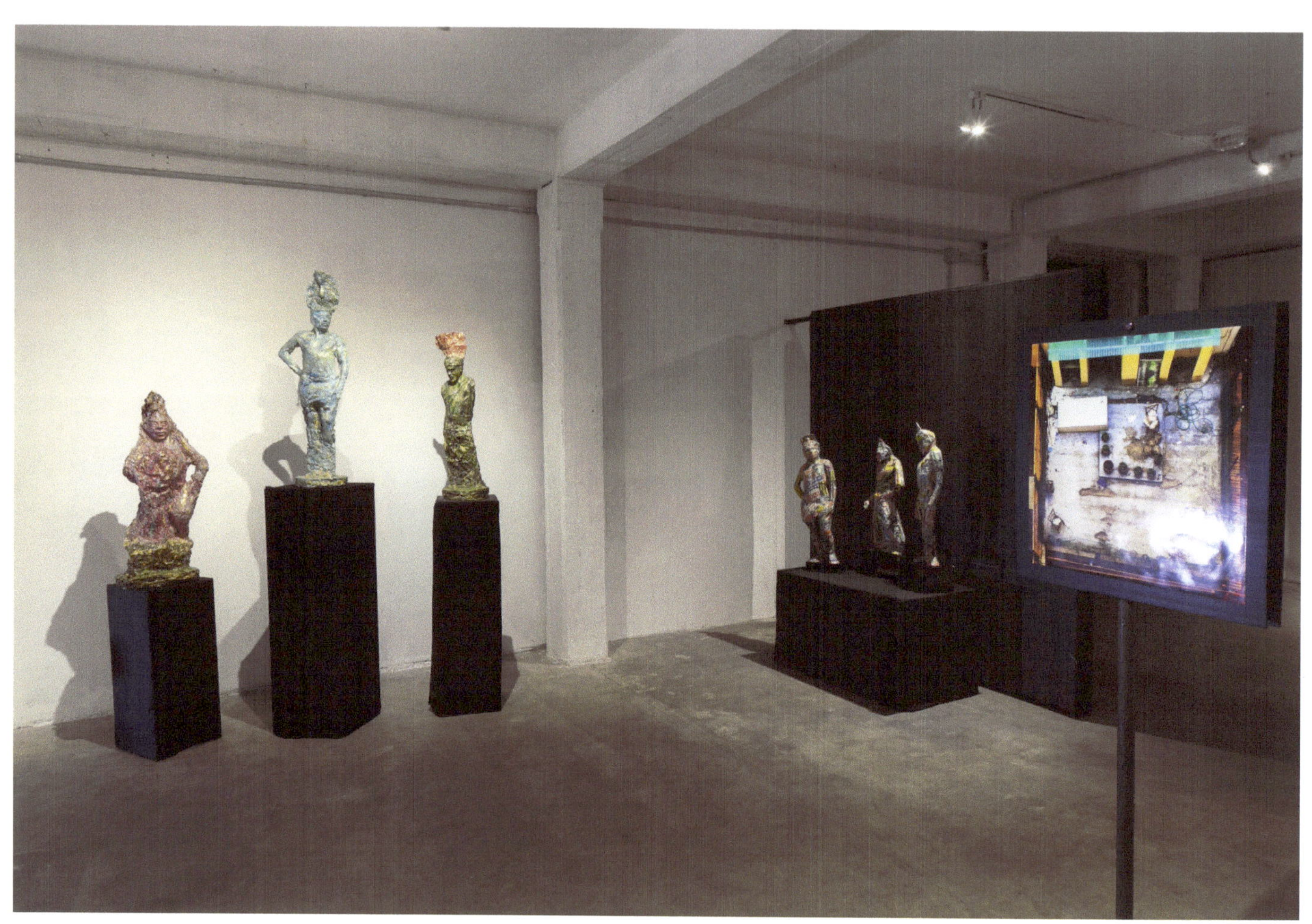

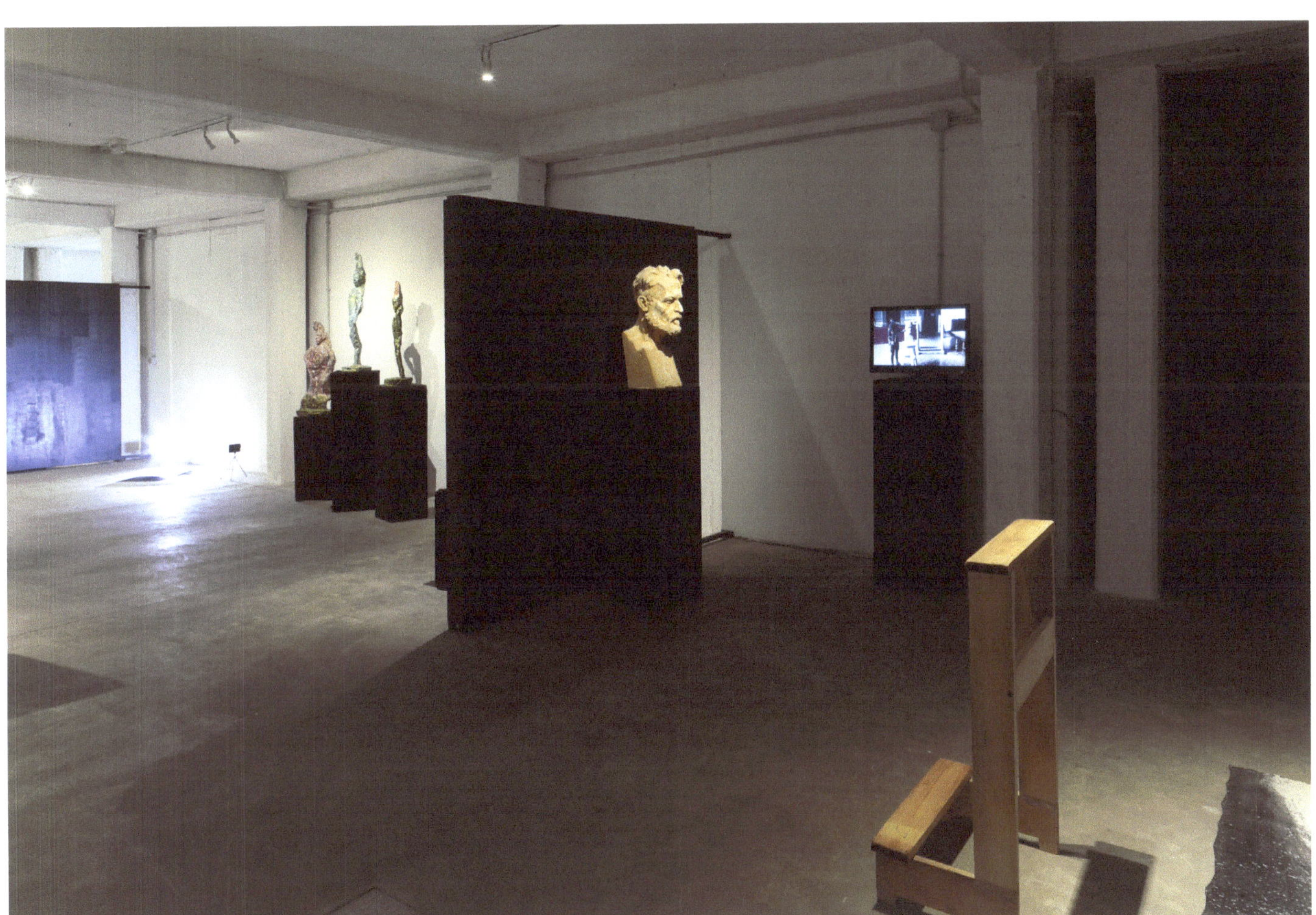

MAC
Mostra collettiva
23 settembre>28 ottobre 2020
Studio Lab 138 outdoor
Villa Contarini, Albano Laziale (Rm)

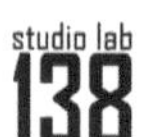

Intima
Julien Bertolin
Mostra personale
26 settembre >24 ottobre 2026
Studio Lab 138
Pavona di Castel Gandolfo (Rm)

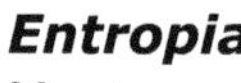
Entropia
Mostra concorso
22 settembre>10 ottobre 2020
Studio Lab 138
Pavona di Castel Gandolfo (Rm)

Esho Funi.
Viaggio tra sé e il mondo.
Mostra Collettiva a cura di
Francesca Anedda e Federica Piras
21 maggio>21 giugno 2020
Studio Lab 138
Pavona di Castel Gandolfo (Rm)

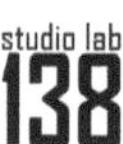

Posta dell'Arte. Cartoline e francobolli d'artista
Mostra concorso
9 novembre 2020 > 9 gennaio 2021
Studio Lab 138
Pavona di Castel Gandolfo (Rm)

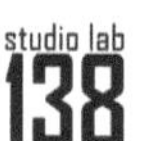

Trauma
Carlo Chiatti
Mostra personale
31 ottobre>22 novembre 2020
Studio Lab 138
Pavona di Castel Gandolfo (Rm)

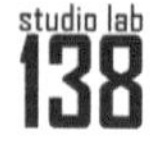

Yin Yiang
Mostra concorso
06>30 setembre 2020
Studio Lab 138
Pavona di Castel Gandolfo (Rm)

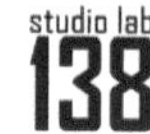

Evoluzione
Augusto Orestini
Mostra personale
18>26 luglio 2020
Studio Lab 138 outdoor
Palazzo Ruspoli, Nemi (Rm)

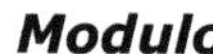
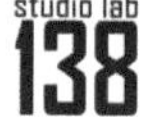

Modulo
Mostraa collettiva
16>31 marzo 2020 (Evento On-line)
Studio Lab 138
Pavona di Castel Gandolfo (Rm)

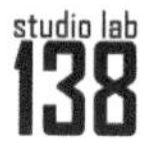

Senza Confini
Bahar Hamzehpour
Mostra personale
20 gennaio>20 febbraio 2020
Studio Lab 138
Pavona di Castel Gandolfo (Rm)

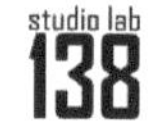

Presents
Bahar Hamzehpour, Claudia Lodolo e Fabio Tasso
Mostra tripersonale
6 dicembre 2019>6 gennaio 2020
Studio Lab 138
Pavona di Castel Gandolfo (Rm)

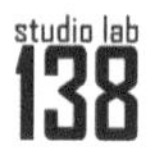

S(oggetto)
Angelo Di Gianfilippo
Mostra personale
25 novembre>5 dicembre 2019
Studio Lab 138
Pavona di Castel Gandolfo (Rm)

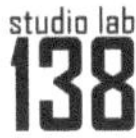

9″ Margini
Mostra concorso
16>24 novembre 2019
Studio Lab 138 outdoor
Palazzo Ruspoli, Nemi (Rm)

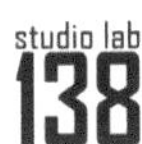

Abiding Embrace
Clinton Whiting
Mostra personale
8>29 novembre 2019
Studio Lab 138 - out door
Rome Temple, RM Italy

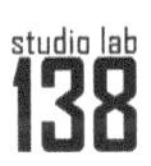

Io ti conosco!
Mostra virtuale permanente
a sostegno di una crescita locale
Laura Giovanna Bevione
Evento On-line
Studio Lab 138
Pavona di Castel Gandolfo (Rm)

9″ Margini
Mostra concorso
2>10 novembre 2019
Studio Lab 138 outdoor
Museo II Legione Parthica
Albano Laziale (Rm)

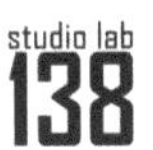

Be an artist
Fabio Tasso
Mostra personale
19>26 ottobre 2019
Studio Lab 138 - outdoor
Spazio Faro - Roma

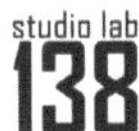

Don't panic
Krayon
Mostra personale
13>31 ottobre 2019
Studio Lab 138
Pavona di Castel Gandolfo (Rm)

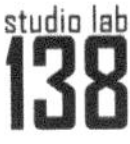

Cammini di fede I ed. Da Rossano
calabro al Tuscolo.
Vedute dal viaggio di San Nilo.
Mostra concorso
21>29 settembre 2019
In collaborazione con Arte in Abbazia
Studio Lab 138 - outdoor
Abbazia di Santa Maria di Grottaferrata,
Grottaferrata (Rm)

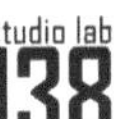

9″ Margini
Mostra concorso
8>29 settembre 2019
Studio Lab 138
Pavona di Castel Gandolfo (Rm)

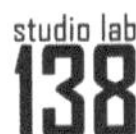

Due dimensioni e mezzo
Fabio Tasso
Mostra personale
14 aprile>18 maggio 2019
Studio Lab 138
Pavona di Castel Gandolfo (Rm)

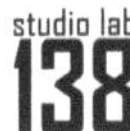

(Inter)action
Claudia Lodolo, Bahar Hamzehpour,
Juanni Wang
Mostra tripersonale
12 aprile>2 maggio 2019
Studio Lab 138 - outdoor
Spazio Faro - Roma

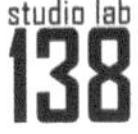

Claudia Lodolo
Mostra personale
24 marzo>7 aprile 2019
Studio Lab 138
Pavona di Castel Gandolfo (Rm)

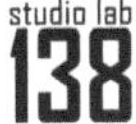

Specchio
Mostra collettiva
8>18 marzo 2019
Studio Lab 138
Pavona di Castel Gandolfo (Rm)

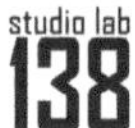

Dittico
Mostra collettiva
3>17 marzo 2019
Studio Lab 138
Pavona di Castel Gandolfo (Rm)

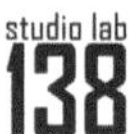

Bahar Hamzehpour - Juanni Wang
Doppia personale
16>24 febbraio 2019
Studio Lab 138 - outdoor
Palazzo Ruspoli, Nemi (Rm)

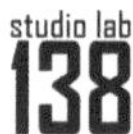

La caduta
Bahar Hamzehpour
Mostra personale
26 novembre>2 dicembre 2018
Studio Lab 138 - outdoor
Teatro Petrolini, Castel Gandolfo (Rm)

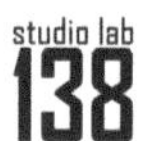

Juanni Wang
Mostra personale
18 novembre>18 dicembre 2018
Studio Lab 138
Pavona di Castel Gandolfo (Rm)

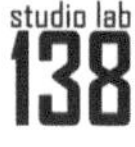

9" Rosso - Nemi
Mostra concorso
10>18 novembre 2018
Studio Lab 138 - outdoor
Palazzo Ruspoli, Nemi (Rm)

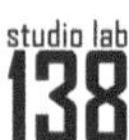

iNcerto equilibrio
Stefano Alisi
Mostra personale
21 ottobre >11 novembre 2018
Studio Lab 138
Pavona di Castel Gandolfo (Rm)

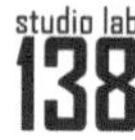

9" Rosso
Mostra concorso
9>30 settembre 2018
Studio Lab 138
Pavona di Castel Gandolfo (Rm)

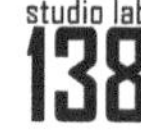

Schizzi di Roma
Mostra collettiva
27 luglio>1 agosto 2018
Studio Lab 138
Pavona di Castel Gandolfo (Rm)

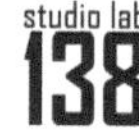

Tutte insieme per Un filo di Perle
Mostra collettiva
22>25 marzo 2018
Studio Lab 138
Pavona di Castel Gandolfo (Rm)

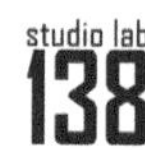

Un filo di perle
Mostra diffusa
8>18 marzo 2018
Pavona di Castel Gandolfo e Albano Laziale (Rm)

Studio Lab 138
via del mare, 138
Pavona di Castel Gandolfo (Rm)
cell. +39 327.337.1588
studiolab138@gmail.com
http://studiolab138.altervista.org

www.ingramcontent.com/pod-product-compliance
Ingram Content Group UK Ltd.
Pitfield, Milton Keynes, MK11 3LW, UK
UKHW060113300726
14090UKWH00002B/165

* 9 7 9 1 2 8 0 0 4 6 0 8 6 *